AF254023

L 27 n
29378.

✝

M. L'ABBÉ BROCHERIEUX

CURÉ-DOYEN DE CHATEAURENAULT

Décédé le 2 Juin 1876

SES FUNÉRAILLES, SON ORAISON FUNÈBRE

Au profit de l'Hospice de Châteaurenault.

TOURS

IMPRIMERIE ET LITHOGRAPHIE JULIOT, RUE ROYALE, 53

1876

M. L'ABBÉ F. BROCHERIEUX

CURÉ-DOYEN DE CHATEAURENAULT

Décédé le 2 Juin 1876

SES FUNÉRAILLES, SON ORAISON FUNÈBRE

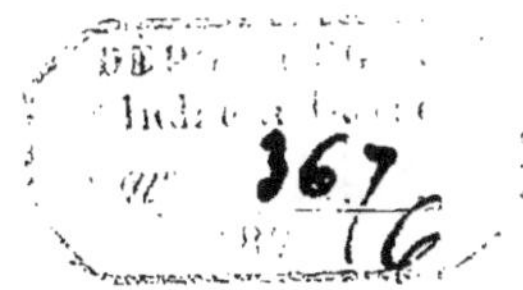

PRIÈRES DE L'ÉGLISE POUR LES DÉFUNTS

Pour un Prêtre.

O Dieu, qui avez élevé votre serviteur N. à la dignité de Prêtre en lui donnant part au sacerdoce des Apôtres, faites qu'il jouisse aussi éternellement avec eux de la gloire céleste.

Pour les Frères, Parents et Bienfaiteurs.

O Dieu, qui pardonnez aux pécheurs et qui voulez le salut des hommes, nous supplions votre miséricorde, par l'intercession de la bienheureuse Marie toujours Vierge et de tous vos Saints, de faire arriver à la béatitude éternelle nos frères, nos parents et nos bienfaiteurs qui sont sortis de ce monde.

Pour un Défunt ou une Défunte.

Seigneur, prêtez l'oreille aux prières par lesquelles nous implorons votre miséricorde, afin que l'âme de votre serviteur N. (ou votre servante N.), que vous avez fait sortir de ce monde, soit placée dans la région de la paix et de la lumière, et qu'elle entre dans la société de vos Saints. Par N.-S. J.-C. Ainsi soit-il.

M. L'ABBÉ BROCHERIEUX

Lundi dernier, une imposante et triste cérémonie avait lieu à Châteaurenault. La paroisse en deuil célébrait les obsèques de son vénérable pasteur, M. l'abbé Brocherieux, décédé le vendredi 2 juin, à l'âge de soixante et un ans.

Nous ne venons point ici apporter des louanges ; ses œuvres et les regrets de ses paroissiens sont le plus bel éloge qu'on puisse faire d'une vie sacerdotale consacrée presque tout entière aux fidèles de Châteaurenault. Mais il nous sera permis, du moins, de déposer sur sa tombe à peine fermée, avec nos larmes et nos prières, l'hommage de nos souvenirs.

Né à Saint-Christophe, en 1815, M. François Brocherieux fit ses premières études chez un digne et vertueux prêtre, M. l'abbé Leroux, curé de Luzillé, qui le fit entrer au séminaire. Il y fut toujours un modèle de travail et de régularité. Exact en toutes choses, il remplissait pieusement tous ses devoirs sans en négliger aucun. A la fin de sa théologie, il fut envoyé au petit séminaire en qualité de professeur. Il n'y resta que deux ans, et quelque temps après sa promotion au sacerdoce, il fut nommé vicaire à Amboise, pour revenir presque aussitôt après remplir la même fonction à la cathédrale. Tous ceux qui l'ont connu alors, savent avec quelle distinction il occupa ce poste et avec quelle délicatesse il s'acquitta de sa mission. Aussi l'éminent archevêque, qui gouvernait à cette époque le diocèse de Tours, devina-t-il bientôt dans ce jeune homme une capacité remarquable, une prudence consommée. Il n'hésita pas, lorsque l'importante paroisse de Châteaurenault vint à vaquer, à lui en confier la direction. L'abbé Brocherieux n'avait que vingt-huit ans ; mais son zèle et les qualités dont la Providence l'avait si heureusement doué, ne tardèrent pas à justifier le choix de l'illustre prélat.

Son amabilité, sa franchise lui concilièrent promptement tous les cœurs ; sa bonté et le tact exquis dont il donna des preuves en toute circonstance, lui acquirent dans sa paroisse de fortes et solides amitiés. Hélas ! parmi ceux qui l'ont aimé, beaucoup l'ont précédé dans la tombe. Il les avait conduits lui-même sur les bords de l'éternité, avait adouci l'amertume de leurs derniers moments, et leur avait donné pour rendez-vous le ciel. Ceux-ci, nous n'en doutons pas, l'ont accueilli dans la céleste patrie; les autres, ceux qui militent encore ici-bas, pleurent sa mort et garderont son souvenir.

Doué d'un talent remarquable pour la chaire, il se livra avec succès à la prédication dès le début de son ministère pastoral. Il ne se lassait point de prêcher les vérités éternelles, et sa parole agréable et facile, mais énergique en même temps, allait droit au cœur. Combien de brebis égarées n'a-t-il pas ramenées au bercail? Combien d'âmes faibles n'a-t-il pas soutenues? De combien d'esprits hésitants n'a-t-il pas fait des hommes de bonne volonté? Quand il descendait de la chaire, c'était encore pour enseigner. Le catéchisme des enfants a toujours été pour lui l'objet d'un soin minutieux et d'une attention scrupuleuse. Il comprenait l'importance de l'éducation chrétienne, et savait que « le jeune homme qui, dès ses premières années, a marché dans la voie droite, ne s'en écartera point lorsque la vieillesse le viendra surprendre. »

Son zèle, d'ailleurs, n'était point borné par les étroites limites du temple. Chaque jour il visitait ses paroissiens pour leur donner les conseils dont ils avaient besoin, pour les consoler dans leurs souffrances. Qui ne l'a vu et admiré lorsqu'il parcourait les rues de sa chère ville de Châteaurenault, s'informant de chacun, caressant les enfants, donnant à tous une marque d'intérêt? Le malheur venait-il frapper une famille, on était sûr de voir accourir M. le curé, et sa seule présence était déjà un baume apposé sur la blessure. Ce qui le contristait le plus pendant sa maladie, était l'impuissance où il se trouvait d'aller porter aux affligés ses consolations ordinaires; et souvent les larmes lui venaient aux yeux en parlant des chagrins éprouvés par ceux auxquels il s'intéressait plus particulièrement. Il avait aussi le culte des morts, et sa promenade préférée était d'aller au cimetière prier pour ceux qui n'étaient plus. Nous l'y avons nous-même accompagné plus d'une fois, et nous avons pu voir combien était profonde l'affection qu'il leur conservait par delà le tombeau.

Les exercices de la piété chrétienne étaient constamment l'objet de sa sollicitude. Il favorisait de tout son pouvoir les associations religieuses, et, dans les dernières années de sa vie, il eut la consolation d'instituer dans sa paroisse l'œuvre des Mères chrétiennes, qui, en peu de temps, compta dans son sein plus de deux cents mères de famille. Il aimait les grandes cérémonies du culte, les pompes majestueuses de la liturgie catholique. Son esprit judicieux comprenait parfaitement qu'il faut parler aux sens pour arriver plus facilement à l'âme. C'est ce sentiment, non moins que le goût du beau qui était véritablement inné en lui, qui le porta à donner tous ses soins à la restauration de son église. L'édifice ne pouvant devenir un remarquable monument d'architecture, il fallait qu'un autre art vînt lui prêter son concours, le revêtir de ses ornements. M. l'abbé Brocherieux les demanda à la peinture ; et, sur des murailles de verre, il écrivit un vrai poëme, le poëme de la Religion, la vie naturelle du Christ, et sa vie mystique dans les saints. Ah ! il nous semblait, pendant que l'on célébrait ses obsèques, que toutes ces graves et majestueuses figures lui souriaient et l'invitaient à venir prendre sa place avec elles dans l'éternelle gloire.

Du reste, la modestie de M. le curé de Château-renault était égale à son mérite. Jamais on ne l'entendit s'attribuer les succès de son ministère ; il aimait au contraire à les reporter sur les bonnes dispositions de ses paroissiens ou sur le talent de ceux qu'il appelait pour partager un instant le fardeau de sa sollicitude pastorale. Mgr Guibert l'ayant nommé chanoine honoraire de sa cathédrale, il reçut cette distinction avec reconnaissance, mais comme un honneur dû à la bienveillance de ses supérieurs plutôt qu'à sa valeur personnelle.

Pendant trente-trois ans. le temps de la carrière mortelle du Christ sur la terre, il édifia la ville et la paroisse de Châteaurenault par le spectacle de ses vertus. « Travaillez comme un bon soldat de Jésus-Christ, » avait dit l'apôtre. Certes, il avait entendu et pratiqué ce précepte dans toute sa plénitude. C'est pourquoi, quand il pouvait encore vivre longtemps, Dieu le trouva mûr pour l'éternité. Il eut cependant une dernière et vive consolation avant de mourir, celle de conduire l'élite de son troupeau en pélerinage à Saint-Martin, et de consacrer au Seigneur, devant le tombeau du Thaumaturge, les restes d'une vie qui déjà commençait à s'éteindre. C'est, en effet, peu de mois après, que la maladie vint l'atteindre plus profondément. Tout d'abord il ne voulut point interrompre ses occupations ordinaires ; sachant que le bon pasteur donne sa vie pour ses brebis, il se traînait péniblement à l'autel et au tribunal de la pénitence. Il tenait à tomber, comme le guerrier, sur le champ d'honneur, et il ne s'arrêta que lorsqu'il fut complétement terrassé par la souffrance.

De longues et cruelles douleurs achevèrent de purifier son âme et le préparèrent au redoutable passage. Résigné dès lors à la volonté de Dieu, il voulut recevoir les derniers sacrements des mains de son frère, M. l'abbé Auguste Brocherieux, le fidèle compagnon de tous ses travaux, et qui, nous aimons à le dire après une bouche illustre et vénérée, « a fait preuve à son égard d'un dévouement que les hommes ont admiré, mais que Dieu seul peut récompenser. » Sans cesse entre la vie et la mort, il demandait souvent d'être fortifié par la réception du pain de l'Eucharistie, et, à l'approche de la mort, ne pouvant plus que difficilement exprimer sa pensée, il voulait, disait-il, qu'on lui donnât l'*Amour de Dieu*, désignant ainsi d'une manière touchante, celui qui, en effet, nous aima jusqu'à nous servir de nourriture !

Le moment suprême arriva. Il sentit que Dieu l'appelait ; il bénit sa paroisse dans la personne de son frère agenouillé ; puis son regard mourant se fixa sur l'image du Christ pour lui recommander ceux qu'il avait tant aimés, et il expira tandis que ses lèvres glacées murmuraient encore ce mot : « Adieu ! »

Il serait difficile de décrire l'impression douloureuse produite par cette mort si redoutée et pourtant prévue. Tous voulurent revoir les traits du bien-aimé pasteur, et, pendant les trois jours qu'il resta exposé, une foule recueillie ne cessa de venir prier auprès de lui, et d'apporter des fleurs pour en couvrir sa dépouille mortelle. Pendant tout le cours de sa maladie, du reste, il avait recueilli les marques de la plus vive sympathie, et profondément touché de si nombreuses attentions, il disait avec attendrissement : « Je ne crois pas qu'un prêtre ait jamais reçu plus de témoignages d'affection. »

Il fallait pourtant se séparer de ces chers restes et les rendre à la terre. Les funérailles de M. le curé de Châteaurenault furent un véritable triomphe, triomphe préparé par la vénération et la reconnaissance. Les prêtres du canton, plusieurs autres ecclésiastiques, le conseil municipal, le conseil de fabrique, les enfants des écoles, les délégués des deux sociétés de secours mutuel, dont il était membre honoraire, un grand nombre de familles de la ville ou des environs entouraient son cercueil. Une foule immense remplissait l'église, pendant que M. l'abbé Janvier, son ancien condisciple, célébrait les saints mystères et implorait la miséricorde divine pour celui dont il avait toujours été le confident et l'ami. Après la messe, M. le doyen du chapitre monta en chaire, et dans ce langage dont il a seul le secret, il retraça les vertus du vénérable défunt. L'espace nous manque pour redire les éloquentes paroles du pieux orateur; mais ceux qui les ont entendues en ont été profondément émus, et ne les oublieront point.

Avant de conduire le corps au cimetière, on lui fit

traverser encore une fois les rues que si souvent le
regretté défunt avait parcourues pour l'exercice de son
saint ministère. Porté sur un char funèbre et précédé de la musique de la ville, qui pendant la marche,
alternait avec le chant des psaumes, il arriva enfin à
sa dernière demeure. Au milieu des larmes des assis-
tants, il fut enseveli au pied de la croix, à côté d'un
de ses prédécesseurs. C'est là qu'il repose en attendant
la résurrection; mais son âme est maintenant au
ciel, d'où il veillera sur ses paroissiens et ses amis.
Eux, de leur côté, viendront prier sur sa tombe,
s'efforceront d'imiter ses vertus, et diront de lui
comme saint Pierre l'a dit du divin modèle : *Per-
transiit benefaciendo :* Il a passé en faisant le bien !

L'abbé N. Cruchet.

(*Semaine Religieuse* de Tours, 10 juin 1876.)

PAROLES PRONONCÉES

AUX OBSÈQUES DE M. L'ABBÉ BROCHERIEUX

Curé-Doyen de Châteaurenault

PAR M.-L'ABBÉ JANVIER, DOYEN DU CHAPITRE MÉTROPOLITAIN

le 5 Juin 1876

> Mementote præpositorum vestrorum.
> qui vobis locuti sunt verbum Dei.
>
> Souvenez-vous de vos pasteurs qui
> vous ont annoncé la parole de Dieu.
>
> (Hebr. xiii, 7).

MES TRÈS-CHERS FRÈRES,

Cette triste et lugubre cérémonie parle assez d'elle-même. Qu'il soit permis néanmoins à un ami, à un frère dans le sacerdoce, d'élever la voix en surmontant sa douleur, et de se faire, au nom de cette grande assemblée et de la paroisse entière, l'interprète des sentiments d'affliction et de regret qui remplissent nos cœurs à l'égard de celui que nous pleurons.

Il n'est plus, mes Frères, votre bon curé, le vénéré Pasteur que naguère vous entouriez de vos respects,

de votre affectueuse estime, de vos plus vives sym-
pathies, que tant de fois vous avez vu monter à cet
autel, vous enseigner du haut de cette chaire, remplir
ce saint lieu de sa puissante parole et de sa pieuse in-
fluence ! Il n'est plus !... Dieu l'a appelé à lui après de
longs travaux entrepris pour sa gloire, à la suite de
cruelles souffrances endurées pour son amour ! Il a
été brusquement et comme violemment arrêté dans
le cours d'une carrière qu'il aurait pu poursuivre, ce
semble, longtemps encore ! .... Et, ce qui m'émeut ici
profondément, c'est de penser que cette laborieuse
carrière, cette existence sacerdotale, toute entière
presque exclusivement, vous a été consacrée, employée
à votre bien spirituel et au salut de vos âmes....

Je m'en souviens, et les plus anciens parmi vous
peuvent aussi s'en souvenir, il était jeune encore, âgé
seulement de 28 ans, presque au début de son sacerdoce, lorsqu'il fut envoyé vers vous, mis à la tête de
cette belle et importante paroisse par un éminent prélat
de sainte et glorieuse mémoire (1) qui avait distingué
en lui une maturité précoce, une expérience déjà
consommée, une grande droiture de cœur et d'esprit,
beaucoup de solidité et de facilité d'élocution, toutes
les qualités et les vertus qui font les bons prêtres et
les dignes pasteurs. J'étais présent à son installation.
L'un et l'autre nous ne pensions guère alors que je dusse

(1) Son Éminence le Cardinal Morlot.

hélas! présider aujourd'hui ses obsèques et parler en face de sa dépouille mortelle!

Dans l'intervalle, un laps de 33 ans s'est écoulé : grand espace de temps dans la vie de l'homme, dans la vie du prêtre surtout! Notre ami l'a rempli en vrai ministre de Jésus-Christ, passant au milieu de vous comme son divin Maître en faisant le bien, et le faisant avec un zèle infatigable, une incessante activité, un dévouement qui ne s'est jamais démenti. Je n'entreprends pas ici de faire son éloge : il est sur vos lèvres, il est dans tous les cœurs. Cette affluence immense de toute la population, votre attitude émue et recueillie, vos larmes, disent à sa louange beaucoup plus que je ne pourrais le faire.

Comment, en effet, l'oublieriez-vous jamais? La plupart d'entre vous ont été baptisés de sa main; il vous a instruits, préparés à votre première communion, dirigés dans les premiers sentiers du bien ; il a béni vos alliances ; il a exhorté, consolé les uns ; il a soutenu et ramené les autres. En est-il un seul parmi vous qui ne lui soit redevable, pour lui-même ou pour les siens, de quelque bienfait spécial et signalé dans l'ordre de la vie surnaturelle et du salut? Dans chacune de vos familles, il entrait autant, si je puis le dire, par les sentiments du cœur que par l'exercice de ses fonctions saintes. Il prenait part à tous vos intérêts. Aussi volontiers le faisiez-vous le confident de vos pensées, de vos chagrins et de vos épreuves ; et vous trouviez toujours en lui un sage conseiller, un sincère et loyal ami, un vrai consolateur.

Mes intimes et fréquentes relations avec lui me permettent de vous le dire, il vous était cordialement et profondément dévoué. A la lettre, il ne vivait que pour vous ! Vos joies étaient ses joies ; et il n'en avait pas de plus grandes que celle de vous voir vous approcher de Dieu, de l'église, des sacrements ; et sa douleur, sa crainte par-dessus tout, était que vous en restassiez éloignés. L'énergie tout apostolique de ses convictions, la droiture de son âme, son vif désir de votre salut ne lui permettaient pas de vous dissimuler ses véritables sentiments à cet égard. Mais il le faisait avec tant d'à-propos, de ménagement et de charité, que vous étiez forcés de l'en estimer davantage, alors même que vous ne répondiez pas entièrement à ses véhéments désirs ou à ses instances multipliées. Dailleurs, vous le savez, cette franchise naturelle à son caractère, cette ardeur de sa foi sacerdotale ne diminuaient rien du tact et de la délicatesse de ses procédés. Non seulement il n'avait pas d'ennemis parmi vous, et il ne pouvait pas en avoir, mais plus que tout autre, il avait le don d'unir et d'accommoder entre eux les esprits et les cœurs. Jamais, pour sa part, il n'a volontairement blessé ni contristé personne.

Et son église, la vôtre, mes Frères, cette belle église

paroissiale de Saint-André, qu'il avait mis tant de goût et de soin à décorer, à enrichir de ces gracieux autels, de ces splendides verrières qui en font aujourd'hui la merveille de la contrée..., comme il l'aimait! Comme il se sentait fier et heureux de la montrer à ses amis, de la faire admirer aux hommes de l'art, aux étrangers de distinction qui le visitaient, profitant alors de l'occasion pour vous payer un large tribut d'éloges, ne tarissant pas sur la délicatesse et la libéralité des personnes chrétiennes, des familles généreuses qui lui venaient en aide! Car c'était une des qualités de ce bon prêtre aussi pieux et modeste que zélé et persévérant, de rapporter volontiers aux autres la gloire et le mérite du bien qui s'était fait par ses mains. A l'entendre, les bénédictions répandues sur la paroisse, le retour consolant de certaines âmes éloignées de Dieu, la prospérité des œuvres de zèle ou de piété qu'il avait créées, tout cela était dû à votre bon esprit, à vos vertueux exemples, aux ferventes prières des âmes pieuses qui sont devenues nombreuses parmi vous, mais qu'à vrai dire, il a su former, soutenir et accroître par sa direction aussi délicate et prudente que ferme et éclairée.

L'ordre matériel, la beauté du saint lieu n'était qu'une faible image du bel ordre et de l'harmonie parfaite qu'il avait su imprimer à l'administration paroissiale et à tout le service du culte divin. C'est ce que je ne me lassais point d'admirer, chaque fois qu'il m'invitait à venir prendre part à vos fêtes de paroisse, toujours si imposantes et si bien organisées. Activement secondé par l'intelligent concours d'un frère dévoué, en qui il trouvait un autre lui-même, il a pu ainsi, pendant plus d'un quart de siècle, gouverner avec succès, administrer avec consolation et des fruits toujours croissants, une vaste paroisse de plus en plus populeuse et féconde en toutes sortes d'œuvres. Mais pour cela, que de travail! quelle application d'esprit! quelle constante régularité! Homme du devoir avant tout et jusque dans les moindres détails, il voulait toujours être prêt à répondre au premier appel de ses paroissiens, et sa ponctualité et sa promptitude sur ce point en faisaient à mes yeux le modèle du prêtre exact et régulier, le type accompli du vigilant pasteur.

Oui, cette chère paroisse, il ne respirait que pour elle! Elle était de sa part l'objet perpétuel d'ardentes sollicitudes, et parfois de préoccupations tellement vives et absolues, qu'on eût pu les taxer d'excessives, s'il pouvait jamais y avoir excès dans le zèle et le dévouement de la charité pastorale. Lorsque, dans les dernières années, nous l'engagions à s'accorder un moment de relâche, un repos que tous jugeaient nécessaire, il s'y refusait nettement, alléguant l'inquiétude et la crainte qu'il avait que ce ne fût au détriment de sa paroisse et du bien de quelques âmes.

Aussi, par la continuité d'un travail ininterrompu, il a usé sa vie, épuisé ses forces, abrégé ses jours. Ne le plaignons pas! Le mérite du soldat, c'est de mourir sur le champ d'honneur, fidèle à sa consigne et à son poste. Votre infatigable pasteur est mort au poste du devoir, martyr du zèle et du dévouement; il est mort au service de Dieu, de l'Église et des âmes.

Il y a quelques mois encore, dans ses illusions de malade, — quel malade n'a pas les siennes? — il pensait à vous, il formait des projets d'avenir dont vous étiez l'objet. Sur son lit de douleur, au milieu de souffrances aiguës et cruelles, il priait pour vous, pour vos familles et vos enfants; il vous bénissait de loin. Au moment suprême, ayant toute la plénitude de son intelligence et toute la vivacité de sa foi, son dernier effort a été d'étendre sa main mourante pour vous bénir encore, et, après un dernier regard jeté sur le Crucifix, sa dernière parole a été un cri d'« Adieu » qu'il vous envoyait par l'intermédiaire du pieux abbé, son frère, qui recevait son dernier soupir....

Adieu! mot touchant, expressif, éminemment pastoral, digne de celui qui vous a si longtemps parlé de Dieu et du bonheur qui vous est destiné dans son sein! Le « sein de Dieu », oui voilà le bienheureux terme où il vous convie, le but final qu'il vous assigne, le rendez-vous de la famille chrétienne, du prêtre et des fidèles, du pasteur et des brebis! Son âme s'en est allée y rejoindre les âmes de vos pères et de vos proches, toutes ces âmes en si grand nombre qu'il a dirigées, sauvées, envoyées avant lui dans la patrie... Car il y a des liens que la mort ne brise pas, ceux de la foi, de la reconnaissance et de la prière. Là, il priera toujours pour vous, il achèvera par ses supplications auprès de Dieu, le bien qu'il a commencé ici-bas et qu'il n'a pu continuer... Vous, en ce moment, priez pour lui, que Dieu lui accorde, s'il en a besoin, la grâce de la dernière expiation. Puis, honorez sa mémoire en gardant sa parole ; retenez le souvenir de ses paternelles exhortations et de ses sages conseils. Jeunes gens et jeunes personnes, suivez la voie de la piété qu'il vous a tracée; mères de famille, époux chrétiens, rappelez-vous ses recommandations et ses avis. Qui que vous soyez, pensez à ce qu'il vous a dit tant de fois : « Songez à vos fins dernières : la vie est courte; nous n'avons point ici-bas de demeure permanente. Vanité des vanités ! tout est vanité, excepté servir Dieu et n'aimer que lui seul... »

Oserais-je, en finissant, vous demander pour lui ce que je lui ai si souvent vu faire pour tant d'autres? En vous le demandant, c'est le dernier service de la parole que je lui rends, la dernière dette de l'amitié dont je m'acquitte à son égard. Eh bien! allez quelquefois vous agenouiller et prier sur sa tombe! — Lui, il aimait à prier pour vos chers défunts, il avait la dévotion des trépassés. Rarement je venais à Châteaurenault sans qu'il me proposât, entre autres visites, celle du cimetière de la paroisse. Il me conduisait alors sur la tombe de ceux que j'avais le plus connus; il m'invitait à m'agenouiller et à réciter avec lui en commun une prière... sur la tombe de celui-ci, puis sur la tombe de celui-là..., sur cette autre, et sur cette autre encore !...

Oh ! qu'il avait] bien le culte des souvenirs ! Les âmes qu'il avait servies et aimées, à qui il avait fait du bien durant leur existence terrestre, il les aimait toujours et les suivait au-delà du tombeau. Elles étaient l'objet fréquent de sa pensée, de ses entretiens, surtout de sa prière et de ses intentions à l'autel. Ce qu'il a fait, mes Frères, si constamment, si affectueusement pour vous et pour vos proches, faites-le pour lui. Vous mériterez qu'un jour d'autres, par une juste réciprocité, le feront également pour vous.

Car la mort, vous ne l'ignorez pas, mes Frères, la bonne mort du zélé pasteur et du chrétien fervent ne demeure point sans consolation. Elle est au contraire pleine d'espérance ; elle a même ses joies et ses triomphes. Dans les desseins du Seigneur, le trépas de ses élus n'est que l'aurore d'un jour plus radieux et plus pur, le commencement d'une autre carrière où le bonheur sera parfait et la gloire immortelle.... Aspirons à celle-là, imitons celui qui nous précède.

A l'exemple de ce vaillant serviteur de Dieu et de l'Église, hâtons-nous de faire le bien tandis qu'il en est temps ; soutenons courageusement et chrétiennement les luttes de la vie ; soyons vraiment à Dieu, à Jésus-Christ, à son Église, par la pratique des vertus et l'observation des commandements, afin qu'au dernier jour nous puissions répéter la parole du serviteur fidèle : « J'ai combattu le bon combat, j'ai « fourni ma carrière, j'ai gardé mes promesses et ma « foi ; il ne me reste plus qu'à recevoir la couronne « de justice que Dieu réserve à ceux qui l'aiment. »

Ainsi soit-il.

Tours, typ. et lith. Juliot, rue Royale, 53.

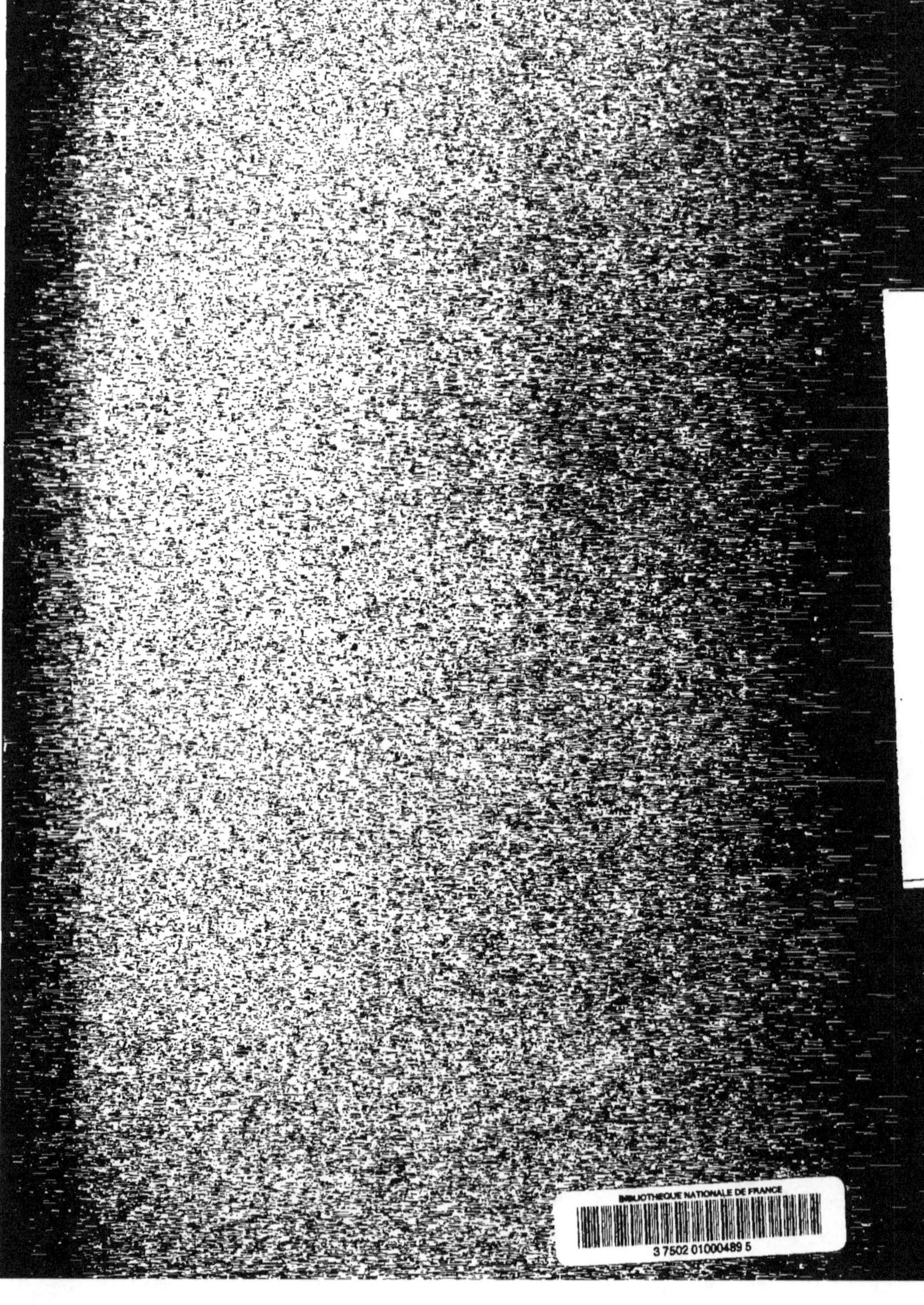